BEI GRIN MACHT SICH IHR WISSEN BEZAHLT

- Wir veröffentlichen Ihre Hausarbeit,
  Bachelor- und Masterarbeit

- Ihr eigenes eBook und Buch -
  weltweit in allen wichtigen Shops

- Verdienen Sie an jedem Verkauf

Jetzt bei www.GRIN.com hochladen und kostenlos publizieren

Eva Pasternak

Antisemitismus und Nationalsozialismus

Postones Thesen und Begründungen zum Thema Antisemitismus und Nationalsozialismus

GRIN Verlag

Bibliografische Information der Deutschen Nationalbibliothek:

Die Deutsche Bibliothek verzeichnet diese Publikation in der Deutschen National-
bibliografie; detaillierte bibliografische Daten sind im Internet über http://dnb.d-
nb.de/ abrufbar.

Impressum:

Copyright © 2006 GRIN Verlag, Open Publishing GmbH
Druck und Bindung: Books on Demand GmbH, Norderstedt Germany
ISBN: 978-3-640-84544-6

Dieses Buch bei GRIN:

http://www.grin.com/de/e-book/168006/antisemitismus-und-nationalsozialismus

GRIN - Your knowledge has value

Der GRIN Verlag publiziert seit 1998 wissenschaftliche Arbeiten von Studenten, Hochschullehrern und anderen Akademikern als eBook und gedrucktes Buch. Die Verlagswebsite www.grin.com ist die ideale Plattform zur Veröffentlichung von Hausarbeiten, Abschlussarbeiten, wissenschaftlichen Aufsätzen, Dissertationen und Fachbüchern.

Besuchen Sie uns im Internet:

http://www.grin.com/

http://www.facebook.com/grincom

http://www.twitter.com/grin_com

Thema

Antisemitismus und Nationalsozialismus

Fachgebiet: Politikwissenschaften
„Volksgemeinschaft": Geschichte und Gegenwart einer deutschen Ideologie
Student: Eva Pasternak

Inhaltsangabe

Einleitung

In meinem Referat möchte ich die Problematik der Beziehung von Antisemitismus und Nationalsozialismus darstellen. Ich möchte die Ausrottung des europäischen Judentums anhand einer historischen Zusammenfassung, die mit dem modernen Antisemitismus in Deutschland und Europa seinen schrecklichen Höhepunkt erlangte, erklären.
Ich werde in Kürze die Judenverfolgung nach 1945 zusammenfassen und wie der Judenhass ein Jahrzehnt nach dem NS-Regime andauerte.
Des Weiteren werde ich mich auf wichtige Thesen von Moische Postone beziehen und sie mit originalen Berichten belegen und erläutern.
Zum Abschluss verdeutliche ich die Gefahr des Vergessens der Nachkriegsgeneration in der BRD und DDR.

Postones` Thesen und Begründungen zu Thema Antisemitismus und Nationalsozialismus

Moishe Postone möchte in seinem Essay die Aspekte des modernen Antisemitismus als Bandteil des deutschen Nationalsozialismus betrachten. Für ihn ist die Besonderheit des Holocaust und des modernen Antisemitismus in Deutschland von 1933-45 von Wichtigkeit.
Deutlich war der geringe Anteil an Emotionen und unmittelbarer Hass für den Holocaust sichtbar, sowie auch ein Selbstverständnis ideologischer Mission, was am bedeutsamsten war.
Der Holocaust hatte keine funktionelle Bedeutung, der Mord war kein Mittel zum Zweck.
Die Ausrottung des Judentums musste nicht nur total sein, sondern war sich selbst Zweck.
Ausrottung um Ausrottung willen. Selbst noch, als die Rote Armee über die deutschen Grenzen rollte, wurde der Judenmord logistisch, zum Nachteil der Wehrmacht, unterstützt.
Laut Postone, steht die Ausrottung des europäischen Judentums in Beziehung zum Antisemitismus. Darüber hinaus muss der moderne Antisemitismus in Hinblick auf den Nazismus, als Bewegung (Revolte) verstanden werden.
Dieser Antisemitismus setzt frühere Formen von Judenhass voraus. Es war immer Bestandteil der christlich-westlichen Zivilisation.
Das Judentum gilt in der NS-Zeit als unfassbare internationale Verschwörung. Demnach stellt eine fremde, gefährliche und destruktive Macht dar, die die soziale „Gesundheit" der Nation gefährdet.
Postone sieht ein Zusammenhang zwischen der historischen Theorie einer materialistischen Form. Somit haben die Juden die rasche Entwicklung des industriellen Kapitalismus personifiziert. Sie wurden als Träger für Geld wahrgenommen.
Die Ware (Geld) hat einen „Doppelcharakter". Wert und Gebrauchswert.
Man unterstellte den Juden damals Macht, die die Form eines stofflichen Trägers, der Ware, annahm. Postone sagt, dass die kapitalistischen, gesellschaftlichen Beziehungen ihren Ausdruck in der abstrakten Dimension finden, wie das Geld und äußerliche, abstrakte, allgemeine „Gesetze".
Dem nach sind kapitalistische gesellschaftliche Beziehungen als antinomisch zu bezeichnen, also ein Gegensatz vom Abstrakten und dem Konkretem Die Konkrete Seite (Arier) erscheint als reine stoffliche Natur und die abstrakte Seite (Jude) tritt in Gestalt von „objektiven" Naturgesetzen auf.
Der Antikapitalismus ist laut Postone ein einseitiger Angriff auf das Abstrakte (Vernunft, Recht, Geld und Finanzkapital). Die Juden wurden nicht nur mit Geld gleichgesetzt, sondern mit dem Kapitalismus überhaupt.

Postone fragt sich, warum sich die biologische Erklärung der abstrakten Seite des Kapitalismus an den Juden festmacht. Er behaupte, dass die Juden durch kein anderes Volk hätten ersetzt werden können. Die Gründe sind unter anderem, die lange Geschichte des Antisemitismus in Europa, sowie die Verknüpfung von Juden und Geld. In Europa gab es die Vorstellung, dass eine Nation nicht nur als eine politische angegebene Größe, sondern auch als konkret, durch eine gemeinsame Sprache, Geschichte, Tradition, Religion bestimmt wurde. Dies bedeutete für die europäischen Juden, dass sie Staatsbürger eines Landes wie z.B. Deutschland, aber nicht richtige Deutsche waren. Und in der Zeit, in der das Abstrakte (Kapitalismus) dem Konkretem (bürgerlicher Staat) gegenüber stand, bildete sich eine fruchtbare Verbindung. Sie machte die Juden wurzellos, international und abstrakt.

Der moderne Antisemitismus wird von Postone als eine „besonders" gefährliche Form des Fetischs' angesehen. Nur dieser Antisemitismus gestattet es, den Nazismus als verkürzten Antikapitalismus zu sehen. Die Grundlage lag in einer grausamen, aber nicht notwendigen Mission (Erlösung der Welt von der Quelle allen Übels in Gestalt der Juden)

Man kann den Nazismus nicht als eine Massenbewegung mit antikapitalistischen Obertönen bewerten, es wurde stattdessen zum Doktrin eines Staates erklärt. Für die Deutschen war die Quelle allen Übels, das Abstrakte, der Jude. Die Folge davon war, dass nicht wie an einem kapitalistischen Ort produziert, sondern der Wert vernichtet wurde. Auschwitz wurde zum Mord der Personifizierung des Abstrakten gebaut. Das Ziel war das Konkrete vom Abstrakten zu „befreien". Als erstes wurden die Juden entmenschlicht. Sie wurden zu Ziffern, Schatten, Abstraktion. Der zweite Schritt war sie auszurotten, und darüber hinaus versuchte man die letzten Reste des „konkreten gegenständlichen Gebrauchswerts" auszunutzen, wie zum Beispiel Kleider, Gold , Zähne, etc.

So behauptet Postone, dass nicht die Machtergreifung, sondern Auschwitz die wirkliche deutsche Revolution war. Militärisch verlor Deutschland den zweiten Weltkrieg, gewann aber ihren Krieg (Revolution) gegen das europäische Judentum. Es gelang ihnen eine sehr alte und traditionelle Kultur zu zerstören.

(Moiche Postone, New German Critique, 1979)

Zusammenfassung der Geschichte des Antisemitismus

Der Antisemitismus wurde 1879 von Wilhelm Marr als Begriff für den Hass einzelner Menschen oder Völker gegen Juden geprägt. Er schließt jedoch nicht alle semitischen Völker ein, und ist deshalb irreführend. Dieser zum Teil sehr extreme Judenhass besteht seit es keinen israelischen Staat mehr gibt und die Juden in „Diaspora„ leben. Zwar gab es mehrmals einige hundert Jahre einen israelischen Staat, aber das jüdische Volk ist wohl das am häufigsten verfolgte, versklavte und unterdrückte aller Völker. Die Bilanz der ersten 2000 Jahre jüdischer Geschichte zeugt von häufigen Auswanderungen, Fluchten, Teilungen und Zerstörungen des Staates oder Reiches Israel. Es entwickelte sich dadurch „nur" ein religiöser Antijudaismus.

Nachdem der letzte Jüdische Staat 70 nach Chr. durch die Römer zerschlagen wurde, mussten sie nicht nur Jerusalem sondern ganz Palästina verlassen. Seid diesem Zeitpunkt leben sie als Vertriebene in ihren „Gastländern" passten sich deren Kultur an, aber hielten weiterhin an der Religion ihrer Väter fest.

Im christlichen Mittelalter lebten sie in Gettos und ihnen wurde die Mitgliedschaft in Zünften untersagt - sie dürften keinen handwerklichen Beruf erlernen und wurden aus Landwirtschaft verdrängt. Aus diesem Grund wurden die meisten zu Kleinhändlern oder betrieben Geldgeschäfte, denn den Christen war es durch ihre Religion untersagt Zinsen zunehmen.

So führten religiöse Vorurteile im 11. Jahrhundert zu antijüdischen Legendenbildungen. Im Jahr 1906 fand die erste europaweite Judenverfolgung statt, bei der tausende von Juden starben. Seit dem manifestierte sich die Sündenbockfunktion und sie wurden in den folgenden

Jahrhunderten für Naturkatastrophen und Krankheiten verantwortlich gemacht. Sie mussten sich zu Beispiel 1348 (Ausbruch der Pest in Europa) durch besondere Kleidung zu erkennen geben.
Nachdem es Martin Luther misslang die Juden zum Christentum zu bekehren, war er der Meinung, sie würden Gottes Liebe ablehnen. In seinem 1543 verfassten Buch „Von den Juden und ihren Lügen", fordert er die Christen auf, Juden das Leben auf erdenkliche Weise zu erschweren. Nach der Aufklärung erklärten viele Staaten (USA, Preußen, Frankreich) die Gleichberechtigung des Judentums. Seitdem gab es viel jüdische Ärzte, Juristen, Journalisten. Im 19 Jahrhundert entstand ein neuer Hass gegen die Juden. Sie wurden als" national unzuverlässig, rassisch minderwertige Fremdkörper" bezeichnet. Ferner gab es unter anderem in Russland und Polen Judenverfolgungen, worauf diese nach Österreich auswanderten.
In der deutschen Reichsverfassung von 1871 wurde die immer stärker geforderte Gleichberechtigung der jüdischen Bevölkerung verankert. Damit war die Emanzipation der etwa 512.000 Juden im Deutschen Reich (1,25 Prozent der Gesamtbevölkerung) formal abgeschlossen. Doch gegen die Assimilation der Juden wandte sich eine antisemitische Propaganda, deren Judenfeindschaft nicht mehr nur religiös, sondern rassisch begründet wurde. Seit der Wirtschaftskrise im Jahr 1870, waren Rassismus und Antisemitismus erkennbar. Wenig später entstanden die ersten antisemitischen Parteien. Seit Anfang der 1890er Jahre betonten die Antisemiten den "Rassegedanken" immer stärker. Paul de Lagarde (1827-1891) forderte in seinen "Deutschen Schriften" die Einheit des deutschen Volkes in "Rasse und Religion".
Auch die Kirchen behaupteten, dass Juden im Gegensatz zu den Deutschen keine tiefere Religiosität besitzen und nur den „ Götzen des Goldes" nachliefen. Sie wurden in der Weimarer Republik für die Niederlage im 1. Weltkrieg verantwortlich gemacht, sowie für den Versailler Vertrag, der die gesamte Kriegsschuld Deutschland zuwies.
(Werner Bergmann, „Geschichte des Antisemitismus". München, 2002)
(Michael Ley, „Kleine Geschichte des Antisemitismus", München 2003
(http://www.dhm.de/lemo/html/kaiserreich/antisemitismus/index.html)

Der Antisemitismus im Nationalsozialismus

Seit den Anfängen der NSDAP gab es einen mystischen antisemitischen Kern in ihrer Weltanschauung. Die Endlösung der Judenfrage galt für das Volk als Erlösung, und somit verband sich endgültig die Furcht vor der eigenen rassischen Entartung.
Hitler drohte mehrfach in seinen Reden, das Ergebnis des Krieges werde nicht die Ausrottung der europäischen Völker, sondern die des Judentums sein. Er sah von Anfang an einen Weltkonflikt zwischen Ariern und Juden voraus.
Auch wenn es keinen konkreten Plan gab, so lag der Völkermord in der Logik des NS-Antisemitismus.
Der Antisemitismus der NASDAP in der Weimarer Republik war Bestandteil einer völkerischen , antikommunistischen und antidemokratischen Weltanschauung. Viele Zeitgenossen und Juden erwarteten, dass die Regierungsbeteiligung der NSDAP nicht lange andauern würde. An eine Vertreibung oder Ermordung der jüdischen Bevölkerung konnte man zur der Zeit nicht voraussehen. Jedoch waren viele Deutsche mit den 1933 eingeführten antijüdischen Maßnahmen einverstanden.
In den, eine radikalantisemitische Partei 1933 an die Macht gelang, wurde der Antisemitismus zum ersten Mal in seiner Geschichte zur Doktrin eines Staates. In den nächsten Jahren wurde die jüdische Bevölkerung mit über 2000 Verordnungen und Gesetzen sozial ausgegrenzt, moralisch diffamiert und psychisch bedroht. Terror und Propagandaaktionen wechselten oder gingen parallel mit gesetzlichen Regelungen überein. Jedoch wurde das Tempo der Verfolgungspolitik durch pragmatische Überlegungen über den Nutzen der Juden für die

deutsche Wirtschaft, sowie auch taktische Rücksichtnahme gegenüber dem Ausland, bestimmt.

Nach dem organisierten Boykott am 1.4.1933 folgte am 7.4.1933 das Gesetz zur Wiederherstellung des Berufsbeamtentums - die Säuberung des öffentlichen Dienstes von politischen Gegnern und Juden. In den nächsten Jahren erfolgte der Ausschluss aus medizinischen und juristischen Berufen. Ebenfalls erschwerten Quotenregelungen den Zugang an Universitäten.

Zu diesem Zeitpunkt flohen bereits 25 000 Personen ins Ausland. Im April 1933 kam es zur Gründung des Zentralausschusses der deutschen Juden für Hilfe und Aufbau. Dieser Ausschuss sollte wirtschaftliche und soziale Helfe leisten. Finanziert hat sich die Selbsthilfeorganisation aus jüdischen Gemeinden und ausländischen Hilfsorganisationen. Im September 1933 gelang der Zusammenschluss in der „Reichsvertretung" der deutschen Juden. Ihre Aufgabe war die jüdische Erziehung, Sicherung der wirtschaftlichen Existenz und Förderung in der Auswanderung. 1931 wurde sie zur Reichsvereinigung der deutschen Juden umbenannt und vom NS-Apparat zu ihren Zweck eingesetzt. Ab 1935 wurde diese Organisation immer stärker zu Hilfsdiensten bei der administrativen Umsetzung der Judenverfolgung missbraucht.

Eine neue Stufe der Ausgrenzung waren die im September 1935 beschlossenen „Nürnberger Gesetzte", in denen die „blutmäßig bedingte klare Scheidung zwischen Judentum und Deutschtum ausgerufen wurde. Laut dem Reichsbürgergesetz, waren Juden nur noch Staatsbürger und keine Reichsbürger mehr. Es folgten weitere Verfolgungsmaßnahmen. Z.B. mussten alle Juden ihr Vermögen deklarieren, ihren Kindern wurde der Besuch an deutschen Schulen untersagt. Von nun an waren die Reisepässe mit einen „J" gekennzeichnet.

Im November 1938 brachte die Reichskristallnacht eine weitere Verschärfung(kollektive Gewalt)mit sich. Die Nazis nutzten das Attentat auf den Legationssekretär von Rath, um weitere Schritte in der ökonomischen Ausplünderung und Vertreibung auszuweiten Die Pogrome wurden von höchster Ebene verordnet und von der SS und SA ausgeführt. In manchen Orten beteiligte sich die Bevölkerung oder Gaffer applaudierten. Es kostete hunderten Jüdischen Bürgern das Leben. Über 1 000 Synagogen haben in dieser Nacht gebrannt. Es wurden 7 500 jüdische Geschäfte zerstört. Über 30 000 jüdische Männer wurden für einige Monate in KZ's verschleppt.

Mit dieser Aktion sollte die Jüdische Bevölkerung endgültig aus der Wirtschaft verdrängt und zu Immigration getrieben werden. 1939 war das Hauptauswanderungsjahr. Es gelang 75 – 80 000 die Flucht ins Ausland. Mit dem Beginn des Krieges wurde die Ausreise massiv erschwert und 1941 verboten.

Die „Verordnung zur Ausschaltung der Juden aus dem deutschen Wirtschaftsleben" vom 12. November, 1938, stürzte sie endgültig in den Ruin. Ab diesen Zeitpunkt wurden Juden aus ihren Wohnungen gedrängt und zu Zwangsarbeit verpflichtet. Somit waren sie aus dem sozialen Leben völlig verdrängt worden.

Am 1. September, 1941 wurden sie zum Tragen des gelben Sterns gezwungen. Dieses Symbol machte sie öffentlich sicht- und kontrollierbar. Im Oktober 1941 begann die Letzte Phase der Verfolgungspolitik. Von nun an, waren systematische Deportationen und Ermordungen an der Tagesordnung.

Die NS-Judenpolitik beschränkte sich bis Sommer 1941 mit Errichtung von Arbeitslagern und Ghettos, sowie Umsiedlungsaktionen oder Erschießungen. Ab Herbst 1941 begann mit den Mordaktionen der Einsatztruppen im Osten der systematische Völkermord. Bereits im ersten Dreivierteljahr sind 750 000 Juden durch Erschießungsaktionen, Massakern und Pogrome zum Opfer gefallen. Der Genozid wurde durch Himmler und die SS weiter perfektioniert und hat schließlich in großen Vernichtungslagern in Polen (Auschwitz, Sobibor, Treblinka) die Form industrieller Mordfabriken angenommen.

Am 20. Jan. 1942 lud Heydrich im Auftrag Görings, Vertreter von Ministerien und Parteistellen zur „Wannsee-Konferenz". Dort wurde die Koordination für eine „Gesamtlösung der Judenfrage im deutschen Einflussgebiet in Europa", besprochen. Während dieser Unterredung wurde endgültig der Holocaust beschlossen. Das Protokoll der „Wannsee-Konferenz" nannte die Zahl von ca. 11 000 000 Juden in Europa, die ermordet werden sollten. Das nationalsozialistische Deutschland ermordete mehr als die Hälfte von ihnen bis zum Kriegsende. An dieser Zahl erkennt man, dass das Verfolgungsprogramm der Nazis konsequent durchgeführt wurde, so als wollte Hitler seine Prophezeiung, dass der Krieg das Ende Der jüdischen Rasse sein würde, Wirklichkeit werden lassen. Der Holocaust war allem übergeordnet. Des Weiteren verfolgten und vernichteten sie auch Randgruppen wie, körperlich und geistig Behinderte, Sinti und Roma, Homosexuelle, „asoziale" Regimegegner und die als Untermenschen stigmatisierte slawische Bevölkerung.
(Werner Bergmann, „Geschichte des Antisemitismus". München, 2002)
(Michael Ley, „Kleine Geschichte des Antisemitismus", München 2003)

Zeittafel von 1933 bis 1945

1933
30.01.1933: Hindenburg ernennt Hitler zum Reichskanzler
01.02.1933: Notverordnung zur Auflösung und Abhaltung von Neuwahlen am 05.03.1933
27.02.1933: Reichstagsbrand
28.02.1933: »Verordnung zum Schutz von Volk und Staat«
März 1933: Einrichtung des ersten staatlichen KZ in Dachau
05.03.1933: Reichstagsneuwahlen, die NSDAP erhält 43,9%
13.03.1933: Einrichtung des Propagandaministeriums unter Leitung von Goebbels
21.03.1933: Bildung von Sondergerichten
24.03.1933: Gesetz zur »Behebung der Not von Volk und Staat«
29.03.1933: Gesetz über Verhängung und Vollzug der Todesstrafe
31.03.1933: Vorläufiges Gesetz zur Gleichschaltung der Länder mit dem Reich
01.04.1933: Die NSDAP ruft zum Boykott jüdischer Geschäfte auf
07.04.1933: Gesetz zur »Wiederherstellung des Berufsbeamtentums«
07.04.1933: Zweites Gesetz zur Gleichschaltung der Länder
10.04.1933: Erklärung des 01. Mai zum »Feiertag der Nationalen Arbeit«
Mai 1933: Gründung der »Nationalsozialistischen Volkswohlfahrt e.V.« (NSV)
02.05.1933: Zerschlagung der Freien Gewerkschaften
10.05.1933: Bücherverbrennung
10.05.1933: Gründung der »Deutschen Arbeitsfront« (DAF)
19.05.1933: Gesetz über »Treuhänder der Arbeit«
22.06.1933: Verbot der SPD
27.06.1933: »Gesetz über die Gründung der Gesellschaft Reichsautobahnen«
Juli 1933: »Gesetz über den Widerruf von Einbürgerungen und die Aberkennung der deutschen Staatsangehörigkeit«
14.07.1933: »Gesetz zur Verhütung erbkranken Nachwuchses«
14.07.1933: »Gesetz gegen die Neubildung von Parteien«
19.07.1933: Verbot der Nationalsozialisten in Österreich
22.09.1933: »Gesetz über die Bildung der Reichskulturkammer«
29.09.1933: »Reichserbhofgesetz«
04.10.1933: »Schriftleitergesetz«
November 1933: Gründung der NS-Gemeinschaft »Kraft durch Freude« (KdF)
01.12.1933: Gesetz zur »Sicherung der Einheit von Partei und Staat«

1934

03.01.1934: Gesetz über den Neuaufbau des Reiches
20.01.1934: Gesetz zur Ordnung der nationalen Arbeit
24.04.1934: Errichtung des Volksgerichtshofes
03.07.1934: Gesetz über Maßnahmen der Staatsnotwehr
01.08.1934: Gesetz über das Staatsoberhaupt des Deutschen Reiches
02.08.1934: Tod des Reichspräsidenten von Hindenburg
19.08.1934: Volksabstimmung über das Gesetz über das Staatsoberhaupt des Deutschen Reiches
20.12.1934: Gesetz gegen heimtückische Angriffe auf Staat und Partei und zum Schutz der Parteiuniform

1935

26.02.1935: Gesetz über die Einführung eines Arbeitsbuches
16.03.1935: Deutschland hebt die Rüstungsbeschränkungen des Versailler Vertrages auf, Einführung der allgemeinen Wehrpflicht
28.03.1935: Premiere des Films »Triumph des Willens« von Leni Riefenstahl (1902-2003) über den Reichsparteitag 1934
21.05.1935: Wehrgesetz
26.06.1935: Einführung der Arbeitsdienstpflicht
15.09.1935: »Nürnberger Gesetze«
18.10.1935: Gesetz zum Schutze der Erbgesundheit des deutschen Volkes
14.11.1935: Erste der 13 Folgeverordnungen zum Reisbürgergesetz

1936

1936: Olympische Spiele in Berlin
20.09.1936: Ausdehnung der Befugnisse der Gestapo Preußens auf ganz Deutschland
18.10.1936: Verordnung zur Durchführung des Vierjahresplans
25.10.1936: Antikominternpakt zwischen dem Deutschen Reich und Japan
01.12.1936: Gesetz über die Hitlerjugend

1937

19.07.1937: Die Ausstellung »Entartete Kunst«, wird im Auftrag von Reichspropagandaminister Goebbels in München eröffnet. Zu den verfemtem Künstlern gehören Otto Dix, Marc Chagall, Max Liebermann und Wassily Kandinsky
06.11.1937: Beitritt Italiens zum Antikominternpakt

1938

26.01.1938: Erlaß über Arbeitsscheue
15.02.1938: Einführung des Pflichtjahres für weibliche Arbeitskräfte in der Land- und Hauswirtschaft.
12.03.1938: Einmarsch der Deutschen Wehrmacht in Österreich (»Anschluß«)
13.03.1938: Anschluß Österreichs an das Deutsche Reich
Mai 1938: Gesetz über Einziehung »entarteter Kunst«
22.06.1938: Verordnung zur Einführung der Dienstverpflichtung
17.08.1938: Kriegssonderstrafrechtsverordnung
29./30.09.1938: Das »Münchner Abkommen« zwingt die Tschechoslowakei, das Sudetenland an das Deutsche Reich abzutreten
01.10.1938: Besetzung des Sudetenlandes durch die Deutsche Wehrmacht

07.10.1938: Ermordung d. Diplomaten von Rath durch d. 17jährigen Herschel Grynszpan, d. damit a. d. Schicksal von 17000 aus Deutschland ausgewiesenen Juden aufmerksam machen wollte
09./10.11.1938: Goebbels und Hitler inszenieren Pogrome (Ausschreitungen) gegen jüdische Bürger und jüdische Einrichtungen in Deutschland, die so genannte »Reichskristallnacht«

1939
15.03.1939: Besetzung der Tschechoslowakei durch die Deutsche Wehrmacht
16.03.1939: Gründung des Protektorats Böhmen und Mähren
19.05.1939: Militärpakt Frankreichs mit Polen
22.05.1939: Freundschafts- und Bündnispakt zwischen Deutschland und Italien
23.05.1939: Hitler-Stalin-Pakt
25.08.1939: Beistandspakt Großbritanien-Polen
01.09.1939: Mit dem »Überfall auf Polen« entfesselt Hitler den Zweiten Weltkrieg
03.09.1939: Kriegserklärung Großbritanniens und Frankreichs an das Deutsche Reich
05.09.1939: Verordnung gegen »Volksschädlinge«
27.09.1939: Einrichtung des Reichssicherheitshauptamtes (RSHA)
Oktober 1939: Euthanasiebefehl Hitlers
Oktober 1939: Erste Zwangsverpflichtungen von Polen zum Arbeitseinsatz in Deutschland
23.11.1939: Einführung des Judensterns in den von deutschen Truppen besetzten polnischen Gebieten

1940
27.03.1940: Heinrich Himmler befiehlt die Einrichtung des KZ Auschwitz
09.04.1940: Besetzung Dänemarks und Norwegens durch die Deutsche Wehrmacht
10.05.1940: Überfall der Deutschen Wehrmacht auf Holland, Belgien, Luxemburg und Frankreich
09.07.1940: Die evangelische Kirche verurteilt in einer Denkschrift das von Hitler angeordnete Euthanasieprogramm
27.09.1940: Dreimächtepakt: Italien, Deutschland und Japan verpflichten sich zu gegenseitiger Militärhilfe

1941
06.04.1941: Angriff deutscher Truppen auf Jugoslawien und Griechenland
22.06.1941: Angriff der Deutschen Wehrmacht auf die Sowjetunion
02.09.1941: Polizeiverordnung zur Einführung des Judensterns im Deutschen Reich und im Protektorat Böhmen und Mähren
03.09.1941: Erste Massentötungen mit dem Giftgas Zyklon-B im KZ Auschwitz
14.10.1941: Beginn der Deportationen jüdischer Bürger aus dem Deutschen Reich
23.10.1941: Emigrationsverbot für Juden
11:12.1941: Kriegserklärung des Deutschen Reiches und Italiens an die USA

1942
20.01.1942: »Wannsee-Konferenz«, die Beschließung der »Endlösung der europäischen Judenfrage«
27.05.1942: Attentat auf Heydrich. Heydrich erliegt am 04.06.1942 seinen Verletzungen.
10.06.1942: Auslöschung des böhmischen Dorfes Lidice und Ermordung seiner Bewohner durch die SS

1943

31.01.1943: Die Südgruppe der 6. Armee unter Generalfeldmarschall Friedrich Paulus kapituliert vor Stalingrad und ergibt sich der Sowjetarmee

02.02.1943: Die Schlacht bei Stalingrad endet mit dem Sieg der »Roten Armee«, zwei Drittel der 250000 deutschen Sodaten sind während der Kämpfe gefallen, erfroren oder verhungert

18.02.1943: Goebbels propagiert in einer Rede im Berliner Sportpalast den »Totalen Krieg«

18.02.1943: Mitglieder der Weißen Rose, die mit Flugblättern gegen die NS-Herrschaft protestiert haben, werden verhaftet

22.02.1943: Sophie und Hans Scholl (Weiße Rose) werden hingerichtet

05.04.1943: Führende Mitglieder der Widerstandsgruppe um General Hans Oster und Generaloberst Ludwig Beck werden verhaftet, darunter Dietrich Bonhoeffer, Hans von Dohnanyi und Josef Müller

19.04.1943: Aufstand im Warschauer Ghetto

24.07.1943: Beginn schwerer Luftangriffe auf Hamburg, 40000 Menschen kommen dabei ums Leben

03.11.1943: Heinrich Himmler befiehlt die Ermordung von 17000 jüdischen Zwangsarbeitern im KZ Majdanek

1944

14.05.1944: Die Generäle Erwin Rommel und Karl-Heinz von Stülpnagel beabsichtigen, im Westen einen Waffenstillstand zu schließen. Hitler soll verhaftet und vor Gericht gestellt werden

06.06.1944: »D-Day«: Landung der alliierten Invasionstruppen in der Normandie

10.06.1944: Zerstörung der Ortschaft Oradour-sur-Glane in Südfrankreich und Ermordung seiner Einwohner durch die SS

20.07.1944: Attentat auf Hitler durch die Widerstandsgruppe um Stauffenberg mißlingt

01.08.1944: Beginn des Warschauer Aufstandes

30.08.1944: General von Stülpnagel wird wegen Organisierung des Widerstandes gegen Hitler in Plötzensee hingerichtet

25.09.1944: Aufstellung des Volkssturms

1945

04.02.1945: Konferenz von Jalta: Großbritannien, die USA und die Sowjetunion verhandeln u.a. über die Aufteilung Deutschlands nach der Kapitulation

30.04.1945: Hitler begeht Selbstmord, die »Rote Armee« erobert Berlin

09.05.1945: Bedingungslose Kapitulation des Deutschen Reiches

20.11.1945-01.10.1946: Nürnberger Prozeß

(http://www.oppisworld.de/zeit/national/nazichro.html#n1933)

Antisemitismus nach 1945

Nach einer Aussage des vormaligen Reichsjugendführers von Shirach, dass Auschwitz auf dem Boden der Rassenpolitik und Antisemitismus möglich war, dann musste Auschwitz auch das Ende der Rassenpolitik und des Antisemitismus sein. Dies hat sich nicht erfüllt.
Das erste Jahrzehnt nach dem Krieg war durch einen starken Judenhass der Bevölkerung in vielen europäischen Ländern gekennzeichnet. Der Antisemitismus lebte weiter. Besonders in den Ländern, die während der deutschen Okkupation besetzt wurden. (In Russland fanden unter Stalin bis 1953 Deportationen statt).
Dieser wurde noch bestärkt, da die Erfahrung Juden noch immer als vogelfrei ausmachte und auf die niedrigste Stufe der Gesellschaft stellte. Die Bevölkerung befürchtete Rache und Bestrafung und empfand Schuld wegen unterlassener Hilfe während des Holocaust.
Form und Ausmaß des Nachkriegsantisemitismus war einmal die antisemitische Tradition einen Landes oder die Position im Ost-West-Konflikt. So entwickelten sich gemeinsame Einstellungsmuster in Osteuropa, in der DDR, sowie auch in den USA. In Deutschland und Österreich entwickelte sich die Form eines „Schuld-Abwehr-Antisemitismus". Dieser neue Antisemitismus weißt einige Aspekte, wie Reaktion auf Völkermord durch Leugnung und Schludprojektion auf das Judentum. Seit 1948 hat der Antisemitismus die Form des Antizionismus angenommen. Er war für die Politik Israels verantwortlich.
Es kam hinzu, dass viele arabische Staaten eine antizionistische Einstellung vertraten, die antisemitische Ideologien der europäischen Tradition aufgriffen. Insbesondere sie Idee der jüdischen Weltverschwörung.
(Werner Bergmann, „Geschichte des Antisemitismus". München, 2002)

Beispiele für Antisemitismus im Nationalsozialismus

Aus dem Tagebuch des SS-Arztes Dr. Kremer

4. September 1942
Gegen die Durchfälle: 1 Tag Schleimsuppen und Pfefferminztee, dazu
Diät für eine Woche. Zwischendurch Kohle und Tannalbin. Schon erheb-
liche Besserung.

5. September 1942
Heute mittag bei einer *Sonderaktion* aus dem F.K.L. (Muselmänner)
[Frauen Konzentrationslager; d. Hrsg.]: das Schrecklichste der Schrek-
ken. *Hschf. Thilo* – Truppenarzt – hat Recht, wenn er mir heute sagte, wir
befänden uns hier am anus mundi. Abends gegen 8 Uhr wieder bei einer
Sonderaktion aus Holland. Wegen der dabei abfallenden Sonderverpfle-
gung, bestehend aus einem fünftel Liter Schnaps, 5 Zigaretten, 100 g
Wurst und Brot, drängen sich die Männer zu solchen Aktionen. Heute
und morgen (Sonntag) Dienst.

6. September 1942
Heute Sonntag ausgezeichnetes Mittagessen: Tomatensuppe, ½ Huhn
mit Kartoffeln und Rotkohl (20 g Fett), Süßspeise und herrliches Vanille-
eis. Nach dem Essen Begrüßung des neuen Standortarztes, *Obersturm-
führer Wirths,* der aus Waldbröl gebürtig ist. Sturmbannführer *Fietsch* in
Prag war sein ehemaliger Regimentsarzt.
Nun bin ich eine Woche im Lager, doch bin ich die Flöhe in meinem
Hotelzimmer noch immer nicht völlig wieder los trotz aller Gegenmaß-
nahmen mit Flit (Cuprex) etc.
Einen erfrischenden Eindruck hat es bei mir gewonnen, als ich dem
Adjutanten des Kommandanten meinen Antrittsbesuch machte und
über seinem Arbeitszimmer die große auf Papier gemalte Inschrift:
»Radfahrer absteigen« las. Übrigens hängt auch in der Schreibstube
unseres SS-Reviers der bemerkenswerte Spruch:
Hast Du im Leben tausend Treffer,
Man sieht's, man nickt, man geht vorbei;
Doch nie vergißt der kleinste Kläffer,
Schießt Du ein einzig Mal vorbei.
Abends um 8 Uhr wieder zur *Sonderaktion* draußen.

7. September 1942
Zweite Impfung gegen Flecktyphus. Heute regnerisches und kühleres
Wetter.

9. September 1942
Heute früh erhielt ich von meinem Rechtsanwalt in Münster, *Prof. Dr.
Hallermann,* die höchst erfreuliche Mitteilung, daß ich am 1. d. M. von
meiner Frau geschieden bin. Ich sehe wieder Farben; ein schwarzer
Vorhang ist von meinem Leben weggezogen! Später als Arzt bei der
Ausführung der Prügelstrafe an 8 Häftlingen und bei einer Erschießung
durch Kleinkaliber zugegen. [...]
Seifenflocken und 2 Stück Seife erhalten. Mittags springt vor dem SS-
Revier ein Zivilist mein Rad wie ein Attentäter an, läuft neben mir her
und bittet mich, ihm doch zu sagen, ob ich nicht Regierungsrat Hemm

(Klee, Dreßen, Rieß, „Schöne Zeiten“, Judenmord aus der Sicht der Täter und Gaffer,
Frankfurt a.M. 1988)

Diese Tagebuch – Aufzeichnung zeigt, wie banal und herzlos der Arzt Kremer mit Menschenleben umgegangen ist. Er führte Tests an Menschen durch und entnahm ihnen verschiedene Organe. Später sagte er aus, dass er nie der jenige war, der ihnen die tödliche Injektion verabreichte, damit versuchte er die Schuld von sich zu weisen. Kremer schreibt in nur einem Satz, dass er morgens gut gegessen hat und anschließend an einer Sonderaktion(Vergasung) beteiligt war. Ebenfalls beschreibt er seinen gesundheitlichen Zustand vor Ort und das Wetter.
Diese Aufzeichnungen beweisen einmal mehr, wie normal der Menschenmord in Auschwitz war. Das Töten stand an der Tagesordnung wie Essen und Trinken. Kremer hatte kein Mitgefühl für die Häftlinge, für ihn waren sie nur Menschenmaterial.

Der Jäger-Bericht

```
Der Befehlshaber der
        Sicherheitspolizei und des SD
        Einsatzkommando 3              Kauen am 1. Dezember 1941

   Geheime Reichssache!                5 Ausfertigungen!
                                       4. Ausfertigung

        Gesamtaufstellung der im Bereich des EK. 3 bis zum 1. Dez. 1941
        durchgeführten Exekutionen.

        Übernahme der sicherheitspolizeilichen Aufgaben in Litauen
        durch das Einsatzkommando 3 am 2.Juli 1941.
        (Das Gebiet Wilna wurde am 9. Aug. 41, das Gebiet Schaulen am
        2. Okt. 41 vom EK.3 übernommen. Wilna wurde bis zu diesem Zeitpunkt
        vom EK.9 und Schaulen vom EK.2 bearbeitet.)

        Auf meine Anordnung und meinen Befehl durch die
        lit.Partisanen durchgeführten Exekutionen:

 4.7.41 Kauen - Fort VII - 416 Juden, 47 Jüdinnen              463
 6.7.41 Kauen - Fort VII - Juden                             2 514

        Nach Aufstellung eines Rollkommandos unter Führung
        von SS-OStuf.Hamann und 8-10 bewährten Männern
        des EK.3 wurden nachfolgende Aktionen in Zusammen-
        arbeit mit den lit.Partisanen durchgeführt:

 7.7.41 Mariampole        Juden                                 32
 8.7.41      "            14  "  und 5 komm.Funktionäre          19
 8.7.41 Girkalinei        komm.Funktionäre                       6
 9.7.41 Wendziogala       32 Juden, 2 Jüdinnen, 1 Litauerin,
                          2 lit.Komm., 1 russ.Kommunist         38
 9.7.41 Kauen- Fort VII - 21 Juden, 3 Jüdinnen                  24
14.7.41 Mariampole        21  "  , 1 russ. 9 lit.Komm.          31
17.7.41 Babtei            8 komm.Funktionäre (6 davon Juden)     8
18.7.41 Mariampole        39 Juden, 14 Jüdinnen                 53
19.7.41 Kauen - Fort Vll - 17  "  , 2  "  , 4 lit. Komm.,
                          2 komm.Litauerinnen, 1 deutsch.K.     26
21.7.41 Panevezys         59 Juden, 11 Jüdinnen, 1 Litauerin,
                          1 Pole, 22 lit.Komm., 9 russ.Komm.   103
22.7.41      "            1 Jude                                 1
23.7.41 Kedainiai         83 Juden, 12 Jüdinnen, 14 russ.Komm.
                          15 lit. Komm., 1 russ.O-Politruk.    125
25.7.41 Mariampole        90 Juden, 13 Jüdinnen                103
28.7.41 Panevezys         234  "  , 15      "   ,
                          19 russ. Komm., 20 lit. Kommunisten  288
                                                        ---------------
                                   -Übertrag:              3 834
```

(Klee, Dreßen, Rieß, „Schöne Zeiten", Judenmord aus der Sicht der Täter und Gaffer, Frankfurt a.M. 1988)

13

In dem Bericht SS-Standartenführers Jäger wird systematisch der Judenmord in litauischen Ortschaften festgehalten. Es handelt sich dabei um sicherheitspolizeiliche Aufgaben des Ek.3 in Litauen. Jäger liefert Zahlen der erschossenen Juden, politaktiven Litauern, Kommunisten oder Politkommissaren. Er stellte zum Schluss seines Berichts fest, dass Litauen nun „judenfrei" wäre, bis auf wenige tausend Arbeitsjuden, die für Arbeitszwecke eingeteilt waren. Jäger schreibt, dass auch diese „umgelegt" werden sollten, doch die Zivilverwaltung verhinderte dieses. Weiterhin zeigt der Jägerbericht, wie Exekutionen an der jüdischen Bevölkerung vorgenommen worden sind. Er beschreibt wie die abkommandierten litauischen Partisanen sich bei Judentransporten und Erschießungen zu verhalten hatten, sowie genaue Angaben über Zeit, Personal und mögliche Exekutionsorte.

Jägers Bericht gibt eine sehr radikale, fanatische aber auch persönliche Sicht für die Judenverfolgung im Nationalsozialismus. Er war, so hatte er selbst nach seiner Verhaftung gesagt, „...ein Mensch mit einer starken Pflichtauffassung..." Man kann an diesem Beispiel sehr deutlich erkennen, dass die Männer in dieser Zeit barbarische Dinge verrichtet haben, als wäre es normale Arbeit für sie. Es war ihnen völlig zweirangig, dass es Menschen waren, wie sie selbst.

Literaturverzeichnis

Moiche Postone, New German Critique, 1979

Michael Ley, „Kleine Geschichte des Antisemitismus", München 2003

Werner Bergmann, „Geschichte des Antisemitismus". München, 2002

Welzer, Moller, Tschuggnall, „Opa war kein Nazi", Nationalsozialismus und Holocaust im Familiengedächtnis, Frankfurt a.M. 2002

Silbermann/Stofefrs, „Auschwitz: Nie davon gehört?", Berlin 2000

Klee, Dreßen, Rieß, „Schöne Zeiten", Judenmord aus der Sicht der Täter und Gaffer, Frankfurt a.M. 1988